全国机械行业职业教育优质规划教材（高职高专）

新能源汽车使用与维护工作页

主　编　张　萌　李景芝
副主编　杨　旭　毕士军
参　编　王　博　苏宇峰　闫瑞涛　上官文凯
　　　　杨效军　田晓民　颜　宇　高洪锁
　　　　许冀阳

机械工业出版社

本工作页主要围绕新能源汽车中的纯电动汽车进行介绍，共分2个学习任务：使用纯电动汽车和维护纯电动汽车。每个学习任务包括任务描述、任务目标、任务准备、任务实施和任务评价5个环节。每个学习任务都采用情境导入的方式编写，能够提高学生的学习兴趣。任务目标能让老师与学生明确学习任务中的知识与技能目标；任务准备能让学生理解学习任务的基本知识；任务实施能让学生学习原理知识之后，通过充分运用原理知识进行实际操作，并在实际操作中掌握工作规范要求；任务评价能检测学生对本任务知识与技能的了解程度。

本书可作为高等院校、高等职业院校车辆工程、新能源汽车技术及其相关专业的教材，也可作为新能源汽车相关工程技术人员、管理人员和培训机构学员的工作任务书。

图书在版编目（CIP）数据

新能源汽车使用与维护工作页/张萌，李景芝主编.—北京：机械工业出版社，2018.5

全国机械行业职业教育优质规划教材.高职高专

ISBN 978-7-111-61032-8

Ⅰ.①新… Ⅱ.①张…②李… Ⅲ.①新能源–汽车–使用方法–高等职业教育–教材②新能源–汽车–车辆修理–高等职业教育–教材 Ⅳ.①U469.7

中国版本图书馆CIP数据核字（2018）第222079号

机械工业出版社（北京市百万庄大街22号 邮政编码100037）
策划编辑：葛晓慧 蓝伙金 责任编辑：葛晓慧 谢熠萌
责任校对：刘雅娜 封面设计：鞠 杨
责任印制：李 昂
北京瑞禾彩色印刷有限公司印刷
2019年1月第1版第1次印刷
184mm×260mm・5.5印张・131千字
0001—1500册
标准书号：ISBN 978-7-111-61032-8
定价：26.00元

凡购本书，如有缺页、倒页、脱页，由本社发行部调换

电话服务	网络服务
服务咨询热线：010-88379833	机 工 官 网：www.cmpbook.com
读者购书热线：010-88379649	机 工 官 博：weibo.com/cmp1952
	教育服务网：www.cmpedu.com
封面无防伪标均为盗版	金 书 网：www.golden-book.com

序

  汽车产业是国民经济的重要支柱产业，在国民经济和社会发展中发挥着重要作用。随着我国经济持续快速发展和城镇化进程加速推进，今后一段时期汽车需求量仍将保持增长势头，由此带来的能源紧张和环境污染问题将更加突出。加快培育和发展节能汽车与新能源汽车，既是有效缓解能源和环境压力，推动汽车产业可持续发展的紧迫任务，也是加快汽车产业转型升级、培育新的经济增长点和国际竞争优势的战略举措。为加快培育和发展节能与新能源汽车产业，国务院于2012年6月28日印发了《节能与新能源汽车产业发展规划（2012—2020年）》。规划中明确了新能源汽车是指采用新型动力系统，完全或主要依靠新型能源驱动的汽车，主要包括纯电动汽车、插电式混合动力汽车及燃料电池汽车。其技术路线是以纯电驱动为新能源汽车发展和汽车工业转型的主要战略取向，当前重点推进纯电动汽车和插电式混合动力汽车产业化。规划目标：到2020年，纯电动汽车和插电式混合动力汽车生产能力达200万辆、累计产销量超过500万辆，燃料电池汽车、车用氢能源产业与国际同步发展。2017年我国新能源汽车产量为77.7万辆（其中乘用车为55万辆），同比增长53.3%，纯电动汽车46.8万辆，占82.1%。

  近年来，众多高职院校相继开设了新能源汽车技术专业，2017年在教育部备案的院校数多达189所。为了更好地指导专业建设，全国机械职业教育教学指导委员会（以下简称机械行指委）将新能源汽车技术专业列入首批重点观测专业，开展专业标准建设工作。全国机械行业高职汽车类专业教学指导委员会（以下简称汽车专指委）于2017年1月15日在北京召开了新能源汽车技术专业标准建设专题工作会议，汽车专指委部分成员单位及企业近20名专家参加了会议，与会专家围绕新能源汽车技术专业课程体系、教学标准、教师标准、实训基地建设标准等进行了深入的研讨，并对新能源汽车技术专业核心课程教材开发达成了共识。

  本套教材由《新能源汽车构造与原理》《新能源汽车使用与维护》《新能源汽车动力蓄电池技术》《新能源汽车驱动电机技术》《新能源汽车电控技术》及相关工作页组成。本套教材理论与实践紧密结合，以任务为载体，构建职业能力主线，以完成任务为目标，系统地进行理论学习和技能训练，旨在培养学生的职业综合能力。希望本套教材的出版能够为丰富新能源汽车技术专业教学资源，提升专业人才培养质量发挥更大作用。

  教材编写团队由长春汽车工业高等专科学校、北京电子科技职业学院、深圳职业技术学院、湖南工业职业技术学院、湖南汽车工程职业学院、武汉软件工程职业学院等院校具有丰富教学经验的专家和北京卓创至诚技术有限公司、长春通立汽车服务有限公司等企业工程技术人员共同组成。在教材开发过程中得到了中国第一汽车集团公司新能源汽车分公司、北京新能源汽车股份有限公司、浙江吉利控股集团有限公司等企业的大力支持，在此表示衷心的感谢！

全国机械职业教育高职汽车类专业教学指导委员会主任委员

李春明

前　言

随着社会经济的快速发展，较长一段时期内汽车的需求量仍将保持较大增长势头，由此带来的能源紧张和环境污染问题将更加突出。大力发展新能源汽车，既是缓解能源和环境压力、推动汽车产业可持续发展的紧迫任务，也是加快汽车产业转型升级、培育新的经济增长点和国际竞争优势的战略举措。

行业产业的快速发展以及经济发展方式的快速转变对节能与新能源汽车技术职业教育的人才培养规模、质量、规格和结构都提出了更高的要求，给以培养高技能人才为己任的职业院校赋予了新的使命。这迫切需要加快建设节能与新能源汽车技术现代职业教育体系，推动职业教育更好地承担起服务社会的职能，更好地满足经济社会全面发展的需求。

本工作页根据现代职业教育理实一体化课程体系标准，突出理论与实际的转化、课程与载体的融合，以客户委托为引领，以学习任务为基本的课程单元，在行动导向的学习活动中逐步提高学生运用专业知识和技能的能力，利用科学有效的工作方法和必要的措施分析问题、解决问题的综合职业能力，并注重情感、价值观和职业素养的养成。

本书主要针对新能源汽车中，目前发展迅速，用量最大的纯电动汽车进行介绍。

本工作页共分2个学习任务，在学习任务1使用纯电动汽车中，详细讲解了纯电动汽车基本知识与新能源汽车的使用；在学习任务2维护纯电动汽车中，重点介绍电气危害及防护、高压作业安全规定、高压系统维护以及一些常规项目的维护知识。每个学习任务包括任务描述、任务目标、任务准备、任务实施和任务评价5个环节。本工作页内容详实、新颖、图文并茂，兼具系统性和实用性，可作为新能源汽车技术专业及相关专业课程的工作页。

本工作页依据《汽车职业教育云服务平台》和《新能源汽车使用与维护》编写，在编写过程中，广泛参考了国内外新能源汽车的最新研究成果，在此对相关研究人员表示衷心的感谢。

本工作页由张萌、李景芝担任主编，杨旭、毕士军担任副主编，参与编写的还有王博、苏宇峰、闫瑞涛、上官文凯、杨效军、田晓民、颜宇、高洪锁、许冀阳。全书由张萌负责统稿，高武主审。

由于编者水平有限，书中难免存在疏漏和不足之处，恳请专家和广大读者批评指正。

编　者

目　　录

序
前言
学习任务 1　使用纯电动汽车 ··· 1
　1.1　任务描述 ··· 1
　1.2　任务目标 ··· 1
　1.3　任务准备 ··· 2
　　1.3.1　电动汽车发展历程 ································· 2
　　1.3.2　电动汽车的分类 ····································· 5
　　1.3.3　纯电动汽车的基本结构 ··························· 14
　1.4　任务实施 ··· 36
　　　电动汽车的使用 ··· 36
　1.5　任务评价 ··· 39

学习任务 2　维护纯电动汽车 ··· 43
　2.1　任务描述 ··· 43
　2.2　任务目标 ··· 43
　2.3　任务准备 ··· 44
　　2.3.1　电气危害及防护 ····································· 44
　　2.3.2　高压系统维护 ······································· 49
　2.4　任务实施 ··· 53
　　2.4.1　熔断器维护 ··· 53
　　2.4.2　继电器维护 ··· 59
　　2.4.3　电路维护 ··· 65
　　2.4.4　导线维护 ··· 78
　2.5　任务评价 ··· 80

学习任务 1
使用纯电动汽车

1.1 任务描述

  一辆纯电动汽车的行驶里程约 25000km，最近发现动力电池电量总是接近 50%，有时候车辆出现供电不良的情况，在下雨天行驶时这种情况更加明显。无奈之下去服务站找专业人士做了全面的检查，检查结果是长期充电不足导致蓄电池亏电而供电不良。

  学员或具有电气维修资质的人员接受车间主管派发的任务委托书，在规定时间内以小组作业的形式，按照维修手册技术规范或相关标准诊断并排除故障，恢复车辆性能。完成作业项目且自检合格后交付检验并移交服务顾问。工作过程严格遵守高压作业安全规定和 6S（Seiri，Seiton，Seiketsu，Standard，Shitsuke，Safety；即整理，整顿，清洁，规范，素养，安全）规范，并能提出车辆使用中的安全措施和合理化建议。

1.2 任务目标

  通过本次任务，能自主学习和运用专业的知识与技能，有目的地按照专业要求和维修手册技术规范，严格执行高压作业安全规定，合理使用工具、仪器完成纯电动汽车维护的工作内容，并对工作结果进行有效评估，培养学生的综合职业能力。

- 能独立地解释电动汽车的发展历史以及纯电动汽车的基本结构。
- 能严格按照纯电动汽车使用手册操作并可以正确使用纯电动汽车。
- 能自主学习并且将获得的新知识、新技能运用于新的实践中。
- 能严格执行电动汽车高压作业安全规定并具有能源和环境意识。

新能源汽车使用与维护工作页

1.3 任务准备

课程名称	新能源汽车使用与维护	小组名称	
学习任务	1. 使用纯电动汽车	学生姓名	
学习内容	1.3.1 电动汽车发展历程	授课课时	4课时

● 信息收集

> 1. 在括号中填写图中电动汽车的创始人并在右侧填写相应的历史

（　　　　　）

（　　　　　）

（　　　　　）

2. 选出正确的电动汽车发展史选项

1）1834年制造了一辆电动三轮车的是哪个？

- ☐ Camille Jenatzy
- ☐ Elon Musk
- ☐ Thomas Davenport
- ☐ Patrick Archambault

2）1899年，比利时人驾驶的炮弹外形的电动汽车名字是哪个？

- ☐ Camille Jenatzy
- ☐ La Jamais Contente
- ☐ Thomas Davenport
- ☐ Patrick Archambault

3）美国电动汽车发展以三大汽车公司为主导，其中有：

- ☐ 通用公司
- ☐ 雷诺公司
- ☐ 大众公司
- ☐ 特斯拉公司

4）欧洲最早出产的三大电动汽车品牌有？

- ☐ 通用
- ☐ 雷诺
- ☐ 福特
- ☐ 克莱斯勒

这节课你有什么收获?

你还有哪些疑问?

记录老师提到的重点、难点以及自己认为的重要知识。

学习任务 1　使用纯电动汽车

课程名称	新能源汽车使用与维护	小组名称	
学习任务	1. 使用纯电动汽车	学生姓名	
学习内容	1.3.2 电动汽车的分类	授课课时	4 课时

● 信息收集

1. 根据所学内容补全下表

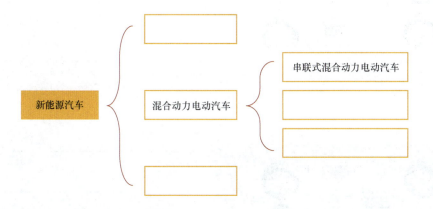

2. 根据所学内容填写纯电动汽车的优点

3. 在括号中填写图示新能源汽车属于哪种混合动力方式并在右侧填写它的工作特点

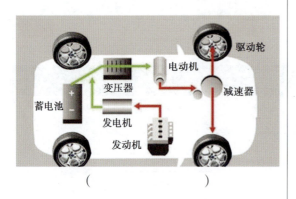
(　　　　　)

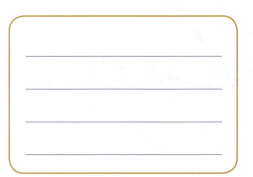

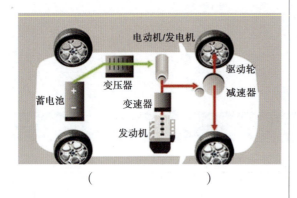
(　　　　　)

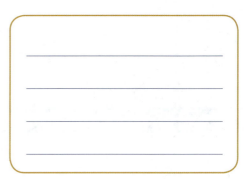

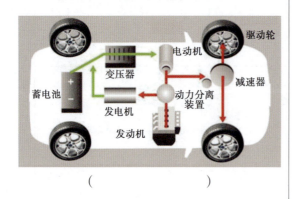
(　　　　　)

学习任务1 使用纯电动汽车

- **能力拓展**

4. 根据工作条件绘制能量传递图

1) 纯电动汽车。

工作条件：SOC 值为 40%~80%、车辆低负载行驶、车速为 0km/h

工作条件：SOC 值为 40%~80%、车辆低负载行驶、车速为 0~50km/h

2）混联式混合动力电动汽车。

工作条件：SOC 值为 40%~80%、车辆低负载行驶、车速大于 50km/h

工作条件：SOC 值为 40%~80%、车辆低负载行驶、车速为 0~50km/h

3）并联式混合动力电动汽车。

工作条件：SOC 值为 40%~80%、车辆低负载行驶、车速大于 50km/h

工作条件：SOC 值为 40%~80%、车辆低负载行驶、车速为 0~50km/h

4）串联插电式混合动力电动汽车。

工作条件：SOC 值为 40%~80%、车辆低负载行驶、车速为 0km/h

工作条件：SOC 值为 40%~80%、车辆低负载行驶、车速为 0~50km/h

5）并联插电式混合动力电动汽车。

工作条件：SOC 值为 40%~80%、车辆低负载行驶、车速为 0km/h

工作条件：SOC 值为 40%~80%、车辆低负载行驶、车速为 0~50km/h

6）混联插电式混合动力电动汽车。

工作条件：SOC 值为 40%~80%、车辆低负载行驶、车速为 0km/h

工作条件：SOC 值为 40%~80%、车辆低负载行驶、车速为 0~50km/h

这节课你有什么收获?

你还有哪些疑问?

记录老师提到的重点、难点以及自己认为的重要知识。

新能源汽车使用与维护工作页

课程名称	新能源汽车使用与维护	小组名称	
学习任务	1. 使用纯电动汽车	学生姓名	
学习内容	1.3.3 纯电动汽车的基本结构	授课课时	4 课时

1. 在括号中填写部件名称并在右侧填写它的工作特性

(　　　　　　)

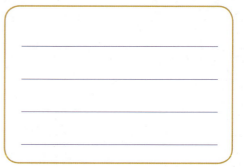

(　　　　　　)

(　　　　　　)

2. 将下列对应的选项相连

直流电动机	脉宽调制控制
交流异步电动机	直接转矩控制
永磁同步电动机	矢量控制
开关磁阻电动机	模糊滑膜控制

动力蓄电池	电动汽车的躯干
驱动电机	电动汽车的大脑
电控系统	电动汽车的心脏

蓄电池及管理系统	为动力蓄电池充电
电机及控制系统	驱动车辆行驶
DC-DC变换器	为低压部件充电
高压控制盒	高压电源分配
车载充电机	为车辆提供电源

• **信息收集（北汽 EV160）**

1. 发动机舱部件的认知

序号	部件名称
1	
2	
3	
4	
5	
6	

2. 电机控制器的基本作用

3. 底盘部件的认知

序号	部件名称
1	

4. 动力电池的铭牌信息

名称		零部件号	
工作电压		电池容量	
电池系统供应商		供应商代码	

5. 动力电池的基本作用

6. 其他部件的认知

部件名称：_____
基本作用：_____
_____
_____
_____
_____
_____
_____

部件名称：_____
基本作用：_____
_____
_____
_____
_____
_____
_____

部件名称：_____
基本作用：_____
_____
_____
_____
_____
_____
_____

部件名称：_____
基本作用：_____
_____
_____
_____
_____
_____
_____

学习任务 1　使用纯电动汽车

● 信息收集（比亚迪 E6）

1. 发动机舱部件的认知

序号	部件名称
1	
2	

2. 电机控制器的铭牌信息

名称		型号	
最大输出功率		最大输出电流	
冷却方式		防护等级	

3. 电机控制器的基本作用

4. 高压配电箱部件的认知

序号	部件名称
1	
2	
3	
4	
5	
6	

5. 电机控制器的基本作用

学习任务1　使用纯电动汽车

6. 底盘部件的认知

序号	部件名称
1	
2	

7. 驱动电机的铭牌信息

额定功率		峰值功率	
额定转速		转速范围	
额定转矩		峰值转矩	
质量		防护等级	

8. 驱动电机的基本作用

9. 动力蓄电池部件的认知

序号	部件名称
1	
2	
3	
4	
5	

10. 动力蓄电池的铭牌信息

名称		零部件号	
工作电压		电池容量	
电池系统供应商		供应商代码	

11. 动力蓄电池的基本作用

12. 其他部件的认知

部件名称：_____

基本作用：_____

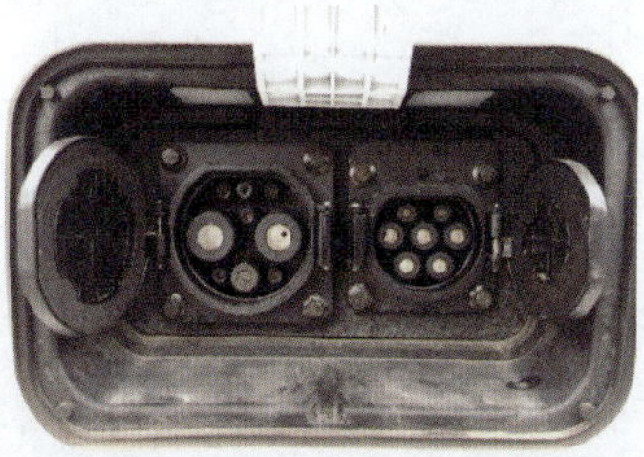

部件名称：_____

基本作用：_____

部件名称：_____

基本作用：_____

（续）

部件名称：_____
基本作用：_____
_____
_____
_____
_____

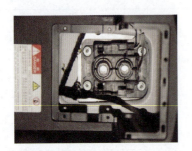

部件名称：_____
基本作用：_____
_____
_____
_____
_____

部件名称：_____
基本作用：_____
_____
_____
_____
_____

部件名称：_____
基本作用：_____
_____
_____
_____
_____

学习任务 1　使用纯电动汽车

• **信息收集（吉利帝豪EV）**

1. 发动机舱部件的认知

序号	部件名称
1	
2	
3	

2. 电机控制器的铭牌信息

制造厂		型号	
额定输入电压		持续输出电流	
冷却方式		防护等级	

3. 电机控制器的基本作用

4. 底盘部件的认知

序号	部件名称
1	
2	

5. 驱动电机的铭牌信息

额定功率		额定电压	
额定转速		峰值功率	
峰值转速		防护等级	
绝缘等级		冷却方式	
相数		质量	

6. 驱动电机的基本作用

_____

_____

_____

_____

7. 动力蓄电池部件的认知

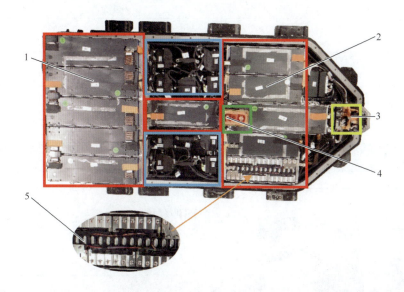

序号	部件名称
1	
2	
3	
4	
5	

8. 动力电池的铭牌信息

类型		产品执行标准	
标称电压		电池容量	
质量		生产日期	

新能源汽车使用与维护工作页

9. 动力蓄电池的基本作用

_____
_____
_____
_____

10. 其他部件的认知

部件名称：_____
基本作用：_____
_____
_____
_____
_____

部件名称：_____
基本作用：_____
_____
_____
_____
_____

部件名称：_____
基本作用：_____
_____
_____
_____
_____

学习任务1　使用纯电动汽车

（续）

| 部件名称： |
| 基本作用： |

| 部件名称： |
| 基本作用： |

| 部件名称： |
| 基本作用： |

| 部件名称： |
| 基本作用： |

新能源汽车使用与维护工作页

• **信息收集（奔腾 EVB50）**

1. 发动机舱部件的认知

序号	部件名称
1	
2	
3	

2. 电机控制器的基本作用

_____

_____

_____

_____

_____

3. 底盘部件的认知

序号	部件名称
1	
2	
3	

4. 驱动电机的基本作用

_____

_____

_____

_____

_____

5. 动力蓄电池部件的认知

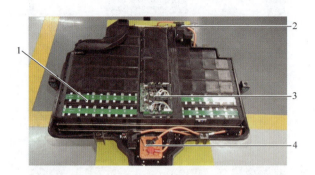

序号	部件名称
1	
2	
3	
4	

6. 动力蓄电池的基本作用

7. 其他部件的认知

部件名称：_____
基本作用：_____
_____
_____
_____
_____

部件名称：_____
基本作用：_____
_____
_____
_____
_____

部件名称：_____
基本作用：_____
_____
_____
_____
_____

部件名称：_____
基本作用：_____
_____
_____
_____
_____

(续)

 	部件名称：_____ 基本作用：_____ _____ _____ _____ _____
	部件名称：_____ 基本作用：_____ _____ _____ _____ _____
	部件名称：_____ 基本作用：_____ _____ _____ _____ _____
	部件名称：_____ 基本作用：_____ _____ _____ _____ _____

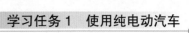

这节课你有什么收获?

你还有哪些疑问?

记录老师提到的重点、难点以及自己认为的重要知识。

新能源汽车使用与维护工作页

1.4 任务实施

课程名称	新能源汽车使用与维护	小组名称	
学习任务	1. 使用纯电动汽车	学生姓名	
学习内容	电动汽车的使用	授课课时	4课时

1. 北汽 EV 起动操作

1）写出北汽 EV160 档位的含义。

- "R"位_____
- "N"位_____
- "D"位_____

2）根据下图写出北汽 EV160 起动车辆的步骤。

2. 电动汽车的充电

● 请为北汽 EV150 电动汽车充电，并根据下图写出充电的步骤。

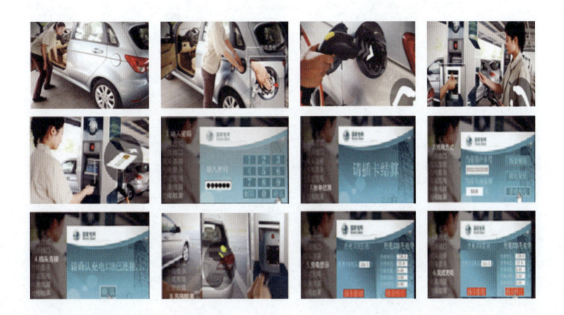

这节课你有什么收获?

你还有哪些疑问?

记录老师提到的重点、难点以及自己认为的重要知识。

1.5 任务评价

1. 1834 年，（　　）个人制造了一辆电动三轮车。

   A. Camille Jenatzy　　　　　　B. Elon Musk
   C. Thomas Davenport　　　　　D. Patrick Archambault

2. 1899 年，比利时人驾驶的炮弹外形电动车名为（　　）。

   A. Camille Jenatzy　　　　　　B. La Jamais Contente
   C. Thomas Davenport　　　　　D. Patrick Archambault

3. 美国电动汽车发展以（　　）三大汽车公司为主导。

   A. 通用　　　　　　　　　　　B. 雷诺
   C. 福特　　　　　　　　　　　D. 克莱斯勒

4. 欧洲最早出产的电动汽车有（　　）三大汽车品牌。

   A. 通用　　　　　　　　　　　B. 雷诺
   C. 宝马　　　　　　　　　　　D. 大众

5. 日本在实现混合动力系统的（　　）方面稳居世界领先地位。

   A. 低燃料　　　　　　　　　　B. 低排放
   C. 改进行驶性能　　　　　　　D. 高排放

6. 我国涉足电动汽车领域的企业逐渐增多，包括（　　）等，市场上可供选择的车型逐渐丰富起来。

   A. 北汽新能源　　　　　　　　B. 比亚迪
   C. 特斯拉　　　　　　　　　　D. 东风日产

7. 纯电动汽车就是纯粹靠（　　）驱动的车辆。

   A. 汽油　　　　　　　　　　　B. 柴油
   C. 天然气　　　　　　　　　　D. 电能

8. 混联式混合动力电动汽车以（　　）为主要动力源。

A. 发动机 B. 电动机
C. 发电机 D. 变速器

9. 串联式混合动力电动汽车小负荷时由（　　）驱动车轮。

A. 发动机 B. 发电机
C. 电动机 D. 发动机和电动机共同

10. 并联式混合动力电动汽车（　　）车辆。

A. 只能共同驱动 B. 只能单独驱动
C. 可以单独驱动也可以共同驱动 D. 只能发电机驱动

11. 混合动力电动汽车可分为（　　）。

A. 串联式混合动力电动汽车 B. 燃料电池电动汽车
C. 并联式混合动力电动汽车 D. 混联式混合动力电动汽车

12. 纯电动汽车可以通过（　　）进行充电，以满足日常的行驶需求。

A. 家用电源 B. 专用充电桩
C. 特定的充电场所 D. 12V 充电机

13. 燃料电池具有（　　）等优点，确保了 FCV 成为真正意义上的高效、清洁汽车。

A. 效率高 B. 噪声低
C. 无污染物排出 D. 效率低

14. 第一代电动汽车蓄电池都是（　　）。

A. 锂电池 B. 镍氢电池
C. 铅酸电池 D. 镍镉电池

15. 纯电动汽车中，（　　）为动力电池进行充电，为其补充电能。

A. 车载充电机 B. 辅助蓄电池

C. 高压控制盒 D. DC-DC 变换器

16. （　　）将动力蓄电池的高压直流电转换为能够为整车使用的低压直流电。

A. 车载充电机 B. 辅助蓄电池
C. 高压控制盒 D. DC-DC 变换器

17. （　　）完成动力蓄电池电源的输出及分配，实现对支路用电器的保护及切断。

A. 车载充电机 B. 辅助蓄电池
C. 高压控制盒 D. DC-DC 变换器

18. 纯电动汽车按大的分类可分为（　　）三大系统。

A. 电池 B. 电控
C. 电机 D. 内燃机

19. 动力蓄电池为整车存储能量，内部设置有（　　）。

A. 温度传感器 B. 电压传感器
C. 电池管理系统 D. 旋变传感器

20. 对北汽 EV160 档位描述不正确的是（　　）。

A. 从 P 位挂到其他档位前，必须确保整车 READY 并已将制动踏板踩到底
B. 从 P 位或 N 位挂入 R 位时，不必踩下制动踏板并按下变速杆手柄左侧的锁止按钮
C. 汽车停车状态并且起动按钮打开时，若需将变速杆从 N 位挂至其他档位，必须先踩下制动踏板并按下变速杆手柄左侧的锁止按钮
D. 一般在向前驾驶时均会使用 D 位（行驶档），系统会根据电机负载和车速自动挂入高档或低档

21. 下列对电动汽车夏季使用注意事项描述不正确的是（　　）。

A. 当车辆被积水浸泡时，不要考虑继续行驶，应迅速断电并离开车内，尽量不要与车身金属接触，以免发生触电
B. 避免高温充电。车辆高速行驶后，夏季建议停放 30min 后在阴凉通风处进行充电
C. 暴雨打雷天气时可以充电，车辆在露天或者地势较低的地方充电时，下雨后应终止充电，以免积水高度超过充电口发生短路

D. 请勿驶入深水中，以免发生漏电短路事故

22. 对比亚迪电动汽车充电方式描述不正确的是（　　）。

A. 大功率充电站使用交流充电方式，电压和电流可达 320V /100A
B. C10 充电柜使用直流充电方式，电压和电流可达 320V /30A
C. 公用充电站使用交流充电方式，电压和电流可达 220V /15A
D. 普通民用电使用交流充电方式，电压和电流可达 220V /10A

学习任务 2
维护纯电动汽车

2.1 任务描述

　　车主小李买了辆纯电动汽车，行驶里程约 20000km。小李去维护的时候工作人员跟他说行驶 20000km 的电动汽车和传统汽车有些不同，纯电动汽车维护和传统汽车维护最大的区别是传统汽车维护主要针对发动机系统，需要定期更换润滑油和机油滤清器等，而电动汽车维护主要针对电池组和电动机进行日常的养护。小李这才对电动车的维护有了新的认识。

　　学员或具有电气维修资质的人员接受车间主管派发的任务委托书，在规定时间内以小组作业的形式，按照维修手册技术规范或相关标准诊断并排除故障，恢复车辆性能。完成作业项目且自检合格后交付检验并移交服务顾问。工作过程严格遵守高压作业安全规定和 6S（Seiri, Seiton, Seiketsu, Standard, Shitsuke, Safety；即整理、整顿、清洁、规范、素养、安全）规范，并能提出车辆使用中的安全措施和合理化建议。

2.2 任务目标

　　通过本次任务，能自主学习和运用专业的知识与技能，有目的地按照专业要求和维修手册技术规范，严格执行高压作业安全规定，合理使用工具、仪器完成纯电动汽车维护的工作内容，并对工作结果进行有效评估，培养学生的综合职业能力。

- 能独立按照维修手册制订工作计划，独立执行常规维护。
- 能严格执行高压作业安全规定，独立执行高压项目维护。
- 能自主学习并且将获得的新知识、新技能运用于新的实践中。
- 能严格执行电动汽车高压作业安全规定并具有能源和环境意识。

2.3 任务准备

课程名称	新能源汽车使用与维护	小组名称	
学习任务	2. 维护纯电动汽车	学生姓名	
学习内容	2.3.1 电气危害及防护	授课课时	4 课时

1. 在括号中填写图示触电现象属于哪种触电方式并在右侧填写触电原理

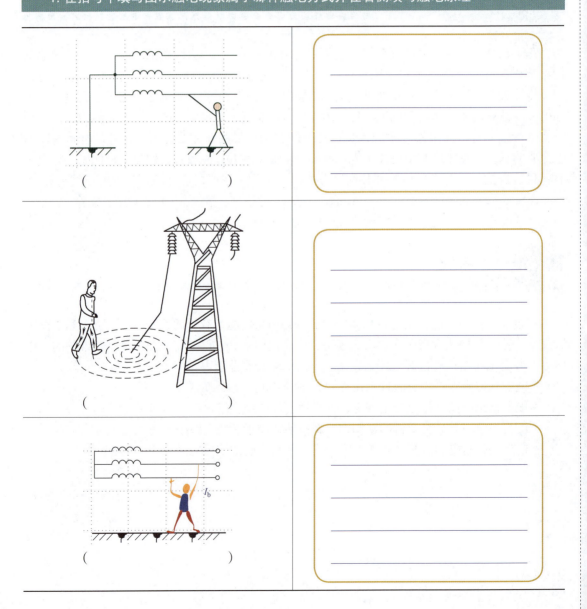

2. 电流大小对人体的危害

流过人体的电流	人体的反应
0.6~1.5mA	
2~3mA	
5~7mA	
8~10mA	
20~25mA	
50~80mA	
90~100mA	

3. 在方框中填写电流流过人体各部位的电阻值

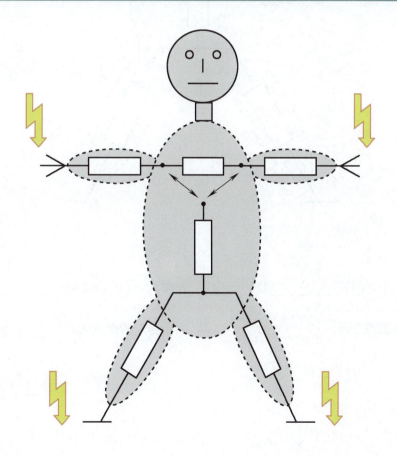

4. 测量人体电阻

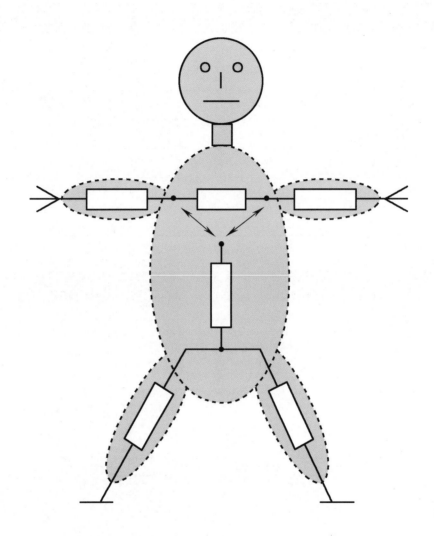

左手与右手之间：_____ Ω   左脚踝与右脚踝之间：_____ Ω

左手与右脚踝之间：_____ Ω   右手与左脚踝之间：_____ Ω

5. 实施高压断电安全规定

1) _____

2) _____

3) _____

4) _____

5) _____

6) _____

7) _____

8) _____

9) _____

高压危险

这节课你有什么收获?

你还有哪些疑问?

记录老师提到的重点、难点以及自己认为的重要知识。

学习任务 2　维护纯电动汽车

课程名称	新能源汽车使用与维护	小组名称	
学习任务	2. 维护纯电动汽车	学生姓名	
学习内容	2.3.2 高压系统维护	授课课时	4 课时

1. 电动汽车维护检查项目

请对电动汽车高压系统的维护项目进行检查并填写检查表。

系统类别	检查内容	检查处理	
		良好	待修
动力电池系统	安全防护		
	绝缘检查		
	插接件状态		
	标识检查		
	螺栓紧固力矩		
	动力电池加热功能		
	外部检查		
	数据采集		
电机系统	安全防护		
	绝缘检查		
	电机及控制器冷却检查		
	外部检查		
电器电控系统	发动机舱及各部位低压线束防护与固定		
	发动机舱及各部位		
	插接件状态		
	发动机舱及底盘高压线束防护及固定		
	蓄电池		
	灯光、信号		
	充电口及高压线		

2. 使用绝缘测试仪对高压电缆进行绝缘检测

1）绝缘测试仪的使用注意事项。

2）绝缘测试仪的使用。

步骤一：_____

步骤二：_____

步骤三：_____

步骤四：_____

3. DC-DC 变换器的检查

写出 DC-DC 变换器的检查步骤,并判断检查结果。

4. 写出车载充电机的工作流程

这节课你有什么收获?

你还有哪些疑问?

记录老师提到的重点、难点以及自己认为的重要知识。

2.4 任务实施

课程名称	新能源汽车使用与维护	小组名称	
学习任务	2. 维护纯电动汽车	学生姓名	
学习内容	2.4.1 熔断器维护	授课课时	4课时

● 信息收集

1. 熔断器的认知

1）下列熔断器的符号正确的是哪个？

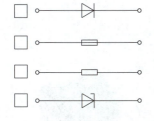

2）在下图方框内填入熔断器的种类。

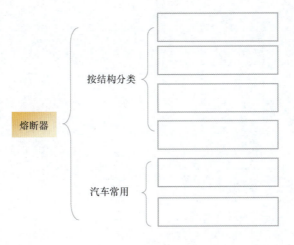

2. 熔断器的性能

1）写出熔断器的工作原理。

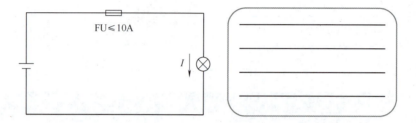

2）在下图有底色框内写出熔断器的名称，并在白框内填写出如何区分额定电流大小。

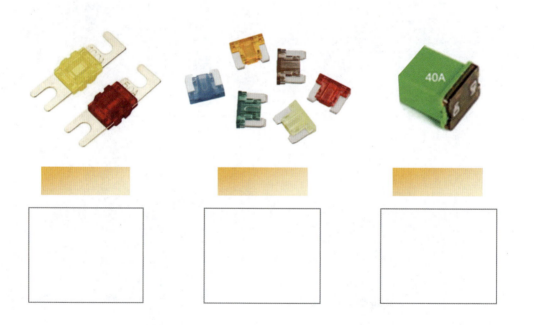

学习任务 2　维护纯电动汽车

• 能力拓展

1. 熔断器的测量

1）使用万用表的欧姆档测量熔断器。

熔断器	电阻值
正常的熔断器	
烧坏的熔断器	

2）使用万用表的蜂鸣档测量熔断器。

熔断器	蜂鸣声
正常的熔断器	
烧坏的熔断器	

3）使用万用表的电压档测量熔断器。

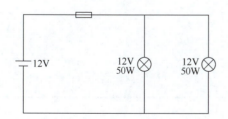

熔断器	电压值
正常的熔断器	
烧坏的熔断器	

2. 熔断器的使用（1）

 搭建

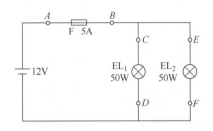 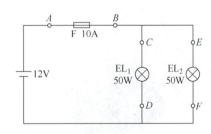

 检测

- 观察现象

  灯泡 EL_1：□亮　　□先亮后灭

  灯泡 EL_2：□亮　　□先亮后灭

- 测量电压

  测量点 A–B：＿＿V

  测量点 C–D：＿＿V

  测量点 E–F：＿＿V

- 观察现象

  灯泡 EL_1：□亮　　□先亮后灭

  灯泡 EL_2：□亮　　□先亮后灭

- 测量电压

  测量点 A–B：＿＿V

  测量点 C–D：＿＿V

  测量点 E–F：＿＿V

结论

- 接两个灯泡时，5A 熔断器（□断路　□通路）。
- 接两个灯泡时，10A 熔断器（□断路　□通路）。
- 电路中的熔断器具有（□过载保护　□单向导通）的作用。

3. 熔断器的使用（2）

 搭建

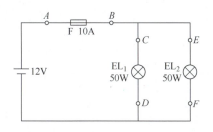 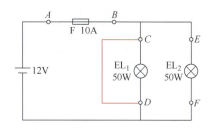

 检测

- 观察现象

  灯泡 EL_1：□亮　　□先亮后灭

  灯泡 EL_2：□亮　　□先亮后灭

- 测量电压

  测量点 A–B：＿＿V

  测量点 C–D：＿＿V

  测量点 E–F：＿＿V

- 观察现象

  灯泡 EL_1：□亮　　□不亮

  灯泡 EL_2：□亮　　□不亮

- 测量电压

  测量点 A–B：＿＿V

  测量点 C–D：＿＿V

  测量点 E–F：＿＿V

结论

- 灯泡 EL_1 短路时，熔断器（□断路　□通路）。
- 电路中的熔断器具有（□单向导通　□短路保护）的作用。

这节课你有什么收获？

你还有哪些疑问？

记录老师提到的重点、难点以及自己认为的重要知识。

学习任务 2　维护纯电动汽车

课程名称	新能源汽车使用与维护	小组名称	
学习任务	2. 维护纯电动汽车	学生姓名	
学习内容	2.4.2 继电器维护	授课课时	4 课时

- **信息收集**

  1. 继电器的认知

1）将下列继电器的类型与对应的符号连接起来。

动合型继电器

混合型继电器

动断型继电器

2）在方框中填入继电器各组成部分的名称。

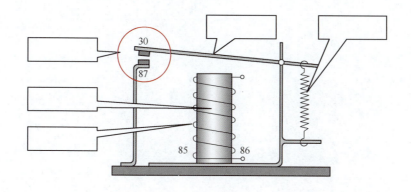

59

3）继电器的分类。

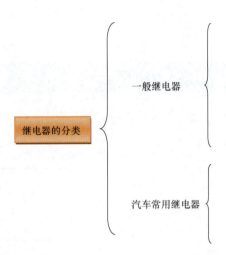

4）在方框中填入继电器各部分的名称。

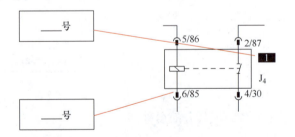

能力拓展

1. 继电器的使用

 继电器符号

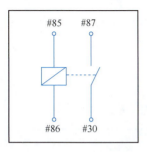 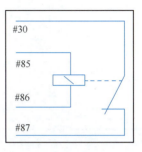

检测

- 测量条件

  动合继电器静态测量

- 测量电阻

  测量点 #85-#86：____Ω

  测量点 #30-#87：____Ω

- 测量条件

  动断继电器静态测量

- 测量电阻

  测量点 #85-#86：____Ω

  测量点 #30-#87：____Ω

结论

- 在常开继电器中，继电器线圈两端（□有 □无）电阻。
- 在常闭继电器中，继电器线圈两端（□有 □无）电阻。
- 在继电器中，继电器线圈两端（□有 □无）电阻。
- 在常开继电器中，开关两端（□有 □无）电阻。
- 在常闭继电器中，开关两端（□有 □无）电阻。

2. 动合型继电器的使用

 搭建

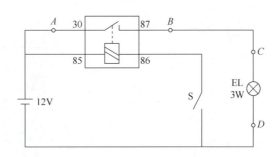

 检测

- 观察现象（闭合开关）

  灯泡 EL：□亮　　□不亮

- 测量电流

  测量点 C：____A

- 测量电压

  测量点 A–B：____V

  测量点 C–D：____V

- 观察现象（断开开关）

  灯泡 EL：□亮　　□不亮

- 测量电流

  测量点 C：____A

- 测量电压

  测量点 A–B：____V

  测量点 C–D：____V

结论

- 动合型继电器线圈不通电时，动合触点（□吸合　□断开），灯泡不亮。
- 动合型继电器线圈通电时，动合触点（□吸合　□断开），灯泡亮。

3. 混合型继电器的使用

搭建

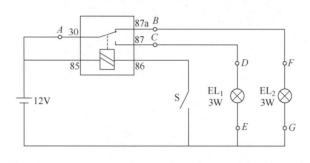

检测

- 观察现象（闭合开关）

  灯泡 EL_1：☐亮　　☐不亮

  灯泡 EL_2：☐亮　　☐不亮

- 测量电流

  测量点 D：____A

  测量点 F：____A

- 测量电压

  测量点 $A-B$：____V

  测量点 $F-G$：____V

  测量点 $A-C$：____V

  测量点 $D-E$：____V

- 观察现象（断开开关）

  灯泡 EL_1：☐亮　　☐不亮

  灯泡 EL_2：☐亮　　☐不亮

- 测量电流

  测量点 D：____A

  测量点 F：____A

- 测量电压

  测量点 $A-B$：____V

  测量点 $F-G$：____V

  测量点 $A-C$：____V

  测量点 $D-E$：____V

结论

- 混合型继电器线圈不通电时，动合触点（☐吸合　☐断开），动断触点（☐吸合　☐断开）。
- 混合型电器线圈通电时，动合触点（☐吸合　☐断开），动断触点（☐吸合　☐断开）。

这节课你有什么收获？

你还有哪些疑问？

记录老师提到的重点、难点以及自己认为的重要知识。

学习任务 2　维护纯电动汽车

课程名称	新能源汽车使用与维护	小组名称	
学习任务	2. 维护纯电动汽车	学生姓名	
学习内容	2.4.3 电路维护	授课课时	4 课时

- **信息收集**

电路状态测量基础

1）将下列额定值和工作状态的空格补充完整。

电气设备的工作状态	额定值
满载状态	
	实际值 < 额定值
过载状态	

2）常见的电动汽车电路故障有（　　　）。

　□ 接触电阻故障
　□ 短路故障
　□ 断路故障

3）将下图中工具的名称分别填写到对应的方框内。

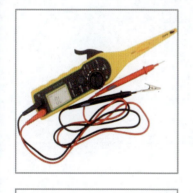

4) 电路的三种状态为（   ）。

☐ 负载状态
☐ 短路状态
☐ 断路状态
☐ 空载状态

5) 对电源来说，（   ）属于严重过载，电源或电器会被烧毁。

☐ 通过电流过大
☐ 通过电压过大
☐ 通过电流过小

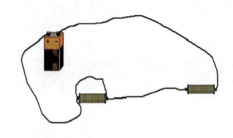

6) 将下图方框内的名称分别填写到对应的括号内。

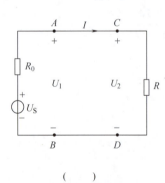
（   ）

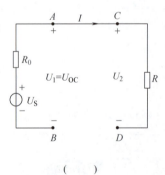
（   ）

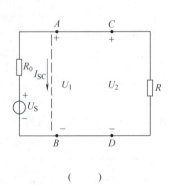
（   ）

| A. 电路的短路状态 | B. 电路的空载状态 | C. 电路的负载状态 |

能力拓展

1. 负载状态

搭接

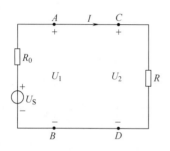 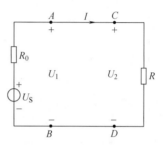

检测

- 改变电阻 R，测量电流

  $R=10\Omega$ 时，测量点 A–C：____ A

  $R=30\Omega$ 时，测量点 A–C：____ A

  $R=40\Omega$ 时，测量点 A–C：____ A

- 电阻 R 一定，测量各部分电压并计算功率

  测量点 A–B：____ V，功率____ W

  测量点 A–C：____ V，功率____ W

  测量点 B–D：____ V，功率____ W

  测量点 C–D：____ V，功率____ W

结论

- 电路中的（□电流　□电压）由负载电阻 R 的大小决定。
- 电源发出的功率等于电路各部分所消耗的功率（□之和　□之差），即整个电路中的功率是平衡的。

新能源汽车使用与维护工作页

2. 空载状态

 搭接

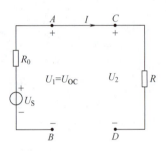 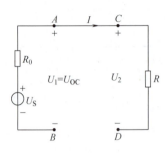

 检测

- 改变电阻 R，测量电流

  $R=10\,\Omega$ 时，测量点 A–C：____A

  $R=30\,\Omega$ 时，测量点 A–C：____A

  $R=40\,\Omega$ 时，测量点 A–C：____A

- 改变电阻 R，测量电压

  $R=10\,\Omega$ 时，测量点 A–B：____V

  $R=30\,\Omega$ 时，测量点 A–B：____V

  $R=40\,\Omega$ 时，测量点 A–B：____V

结论

- 空载状态，电路中（□电流 □电压）为零。
- 电源端电压（□等于 □大于）电源电动势。
- 电源输出的功率 P_1 和负载吸收的功率 P_2 均（□为零 □不为零）。

3. 短路状态

 搭接

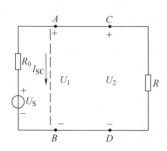 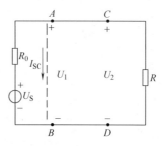

🔲 检测

• 电阻 R 不变,测量电流 测量点 A–C:＿＿A 测量点 C–D:＿＿A 测量点 B–D:＿＿A 测量点 A–B:＿＿A	• 改变电阻 R,测量电压 测量点 A–C:＿＿V,功率＿＿W 测量点 C–D:＿＿V,功率＿＿W 测量点 B–D:＿＿V,功率＿＿W 测量点 A–B:＿＿V,功率＿＿W

📝 结论

- 短路状态,电路中电源电流(□最大 □最小),外电路输出电流为零。
- 电源和负载端电压均(□为零 □不为零)。
- 电源对外输出功率 P_1 和负载吸收功率 P_2 均(□为零 □不为零)。

4. 正常电路的测量

 搭建

 检测

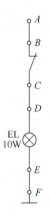

- 观察现象

  灯泡：□亮　　□不亮

- 测量电流

  测量点 C：____A

- 测量电压

  测量点 A–F：____V

  测量点 A–D：____V

  测量点 D–E：____V

  测量点 E–F：____V

结论

- 无故障时，（□ D–E　□ A–D　□ E–F ）压降最大，近似于电源电压。

5. 虚接电路的测量（1）

搭建

检测

- 观察现象

  灯泡：□常亮　□不亮　□变暗

- 测量电流

  测量点 C：____A

- 测量电压

  测量点 A–F：____V

  测量点 A–D：____V

  测量点 D–E：____V

  测量点 E–F：____V

结论

- 图中位置虚接时，灯泡两端电压（□变大　□变小　□不变）。
- 图中位置虚接时，（□ D–E　□ A–D　□ E–F）压降变大。
- 图中位置虚接时，电路电流（□变大　□变小　□不变）。

新能源汽车使用与维护工作页

6. 虚接电路的测量（2）

 搭建　　　　　　　　　 检测

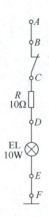

- 观察现象

  灯泡：□常亮　□不亮　□变暗

- 测量电流

  测量点 C：____A

- 测量电压

  测量点 A-F：____V

  测量点 A-D：____V

  测量点 D-E：____V

  测量点 E-F：____V

 结论

- 图中位置虚接时，灯泡两端电压（□变大　□变小　□不变）。
- 图中位置虚接时，（□ D-E　□ A-D　□ E-F）压降变大。
- 图中位置虚接时，电路电流（□变大　□变小　□不变）。

7. 短路电路的测量（1）

搭建

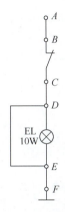

检测

- 观察现象

  灯泡：□常亮　□不亮　□变暗

- 测量电流

  测量点 C：＿＿A

- 测量电压

  测量点 A–F：＿＿V

  测量点 A–D：＿＿V

  测量点 D–E：＿＿V

  测量点 E–F：＿＿V

结论

- 负载灯泡短路时，灯泡两端电压（□变大　□变小　□不变）。
- 负载灯泡短路时，电路电流（□变大　□变小　□不变）。

8. 短路电路的测量（2）

 搭建　　　　　　　　　　 检测

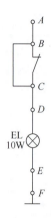

- 观察现象

  灯泡：□常亮　□不亮　□变暗

- 测量电流

  测量点 C：＿＿A

- 测量电压

  测量点 A-F：＿＿V

  测量点 A-D：＿＿V

  测量点 D-E：＿＿V

  测量点 E-F：＿＿V

结论

- 开关短路时，灯泡两端电压（□变大　□变小　□不变）。
- 开关短路时，电路电流（□变大　□变小　□不变）。

9. 断路电路的测量（1）

搭建

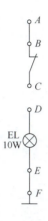

检测

- 观察现象

  灯泡：□常亮　□不亮　□变暗

- 测量电流

  测量点 C：____A

- 测量电压

  测量点 A–F：____V

  测量点 A–D：____V

  测量点 D–E：____V

  测量点 E–F：____V

结论

- 图中位置断路时，灯泡两端电压（□变大　□变小　□不变）。
- 图中位置断路时，（□ D–E　□ A–D　□ E–F）压降变大。
- 图中位置断路时，电路电流（□变大　□变小　□不变）。

10. 断路电路的测量（2）

 搭建

 检测

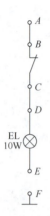

- 观察现象

    灯泡：□常亮　□不亮　□变暗

- 测量电流

    测量点 C：____A

- 测量电压

    测量点 A–F：____V

    测量点 A–D：____V

    测量点 D–E：____V

    测量点 E–F：____V

结论

- 图中位置断路时，灯泡两端电压（□变大　□变小　□不变）。
- 图中位置断路时，（□ D–E　□ A–D　□ E–F）压降变大。
- 图中位置断路时，电路电流（□变大　□变小　□不变）。

这节课你有什么收获？

你还有哪些疑问？

记录老师提到的重点、难点以及自己认为的重要知识。

新能源汽车使用与维护工作页

课程名称	新能源汽车使用与维护	小组名称	
学习任务	2. 维护纯电动汽车	学生姓名	
学习内容	2.4.4 导线维护	授课课时	4课时

导线截面积与允许电流

1）下列对导线截面积与允许电流描述正确的是：

☐ 导线截面积与电流没有直接关系
☐ 导线截面积越大导通电流能力越小
☐ 导线截面积越大导通电流能力越强
☐ 上述都不正确

2）下列对导线直径与电阻的计算公式描述不正确的是：

☐ 计算公式为 $R=\rho L/S$
☐ ρ 为电阻率，常用单位为 $\Omega \cdot m$
☐ L 为导线的长度，常用单位为 m
☐ S 为直径，常用单位为 m

3）计算。

已知导线截面积为 $5mm^2$，长度为 10m，允许的电压降为 5V。请计算导线允许电流大小。

_____

_____

_____

_____

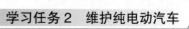

学习任务 2　维护纯电动汽车

这节课你有什么收获？

你还有哪些疑问？

记录老师提到的重点、难点以及自己认为的重要知识。

2.5 任务评价

1. 下列属于人身事故的有（　　）。

   A. 电流伤害　　　　　　　　　B. 操作事故
   C. 电磁伤害　　　　　　　　　D. 静电伤害

2. 下列属于设备事故的有（　　）。

   A. 短路　　　　　　　　　　　B. 漏电
   C. 操作事故　　　　　　　　　D. 静电伤害

3. 发生电气事故的原因有（　　）。

   A. 产品质量不合格　　　　　　B. 施工不规范
   C. 违章操作　　　　　　　　　D. 以上三项全是

4. 电流对人体的伤害有（　　）。

   A. 电击　　　　　　　　　　　B. 电伤
   C. 电磁场　　　　　　　　　　D. 以上三项都不正确

5. 人体的触电方式有（　　）。

   A. 跨步电压触电　　　　　　　B. 短路触电
   C. 两相触电　　　　　　　　　D. 单相触电

6. 高电压系统采用（　　）警示电缆，有效绝缘且防止电磁辐射。

   A. 红色　　　　　　　　　　　B. 黑色
   C. 橙色　　　　　　　　　　　D. 蓝色

7. 绝缘检测是检测（　　）的电气完整性。

   A. 低压系统　　　　　　　　　B. 低压部件
   C. 高压部件　　　　　　　　　D. 高压电缆

8. 高电压系统采用正、负极独立回路，且与（　　）隔离。

　　A. 低压电路　　　　　　　　　　B. 车身
　　C. 高压电路　　　　　　　　　　D. 以上三项全部正确

9. 高电压系统的上、下电流程均由（　　）触发和控制。

　　A. 高压系统　　　　　　　　　　B. 低压系统
　　C. 灯光系统　　　　　　　　　　D. 以上三项都不正确

10. 车辆标识和工作区安全：（　　）。

　　A. 维修车间内配备有高压装置的车辆必须做上标识
　　B. 使用专用的警示标牌
　　C. 工作区必须防止其他人员进入
　　D. 维修人员可以不穿防护装备

11. 维护时，断开（　　）以切断高电压。

　　A. 低压蓄电池　　　　　　　　　B. 高压维修开关
　　C. 锁闭分断锁　　　　　　　　　D. 以上三项全部正确

12. 高电压技师的职责为（　　）。

　　A. 断开高电压系统供电并检查是否已绝缘
　　B. 严防高电压系统重新合闸
　　C. 对高电压系统上的所有作业负责
　　D. 以上三项全部正确

13. 根据欧洲经济委员会 ECE-R100 标准，如果电压为 288V，绝缘电阻必须至少为（　　）。

　　A. $1 M\Omega$　　　　　　　　　　B. $1.44\ M\Omega$
　　C. $500\ \Omega/V$　　　　　　　　D. $1000\ \Omega/V$

14. （　　）不是电机系统的维护项目。

　　A. 安全防护　　　　　　　　　　B. 绝缘检查

C. 电机和电器控制器冷却系统的检查　　D. 更换润滑油

15. 对于钳形电流表的使用方法，描述错误的是（　　）。

A. 使用时应按紧扳手使钳口张开，将被测导线放入钳口中央，然后松开扳手并使钳口闭合紧密
B. 钳口的结合面如果有杂声，应重新开合一次，仍有杂声，应处理结合面，以使读数准确
C. 可同时钳住两根导线进行测量
D. 读数后，钳口张开，将被测导线退出，将档位置于 OFF 档

16. 与传统汽车相比，电动车的维护（　　）。

A. 复杂　　　　　　　　　　　　B. 简单
C. 项目完全相同　　　　　　　　D. 不需使用诊断仪进行检测

17. 对车辆的维护说明描述不正确的是（　　）。

A. 建议车主每年对车辆做一次全面的检查，并免费提供该服务
B. 每 5 年或 100000km 需要更换电池冷却剂，目前为免费更换
C. 对于车辆的损耗零件，像刮水片、轮胎、制动盘和制动片都是根据车主不同的驾驶习惯不定期更换
D. 对于车辆的损耗零件，像刮水片、轮胎、制动盘和制动片都是根据车主不同的驾驶习惯定期更换